Inhalt

Der kleine Maulwurf

Das ist Markus Maul,

der kleine .

Markus Maul lebt

unter einer 

mit vielen bunten .

Zwischen den 

stehen kleine braune .

Die alle hat Markus Maul

mit seiner  gemacht.

Unter der  hat er

eine  .

Darin stehen ein 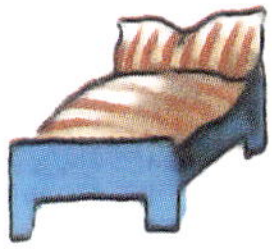, ein ,

ein  und ein .

Markus Maul hat sogar eine .

Obwohl er als  fast blind ist.

Aber er hat auch eine .

Heute will Markus Maul

keine neuen  aufschütten.

Er lässt seine  in der .

Er nimmt ein 

und geht mit seinem 

nach draußen.

Dort legt er sich in die  .

Über ihm zwitschern die  .

Doch was ist das?

Alle seine 

sind platt.

„Wer hat meine 

platt gemacht?“,

brüllt er empört.

„Welche  denn?“,

fragt jemand hinter ihm.

Markus Maul dreht sich um.

Zwei riesige  starren ihn an.

Eine  steht auf der .

Hinter der 

sind noch mehr .

Alle glotzen den  an.

„Ihr könnt  fressen,

so viel wie ihr wollt!“,

ruft Markus Maul wütend.

„Aber meine 

lasst ihr in Ruhe!

Sonst passiert was!“

Was sonst passiert,

weiß der kleine  selbst nicht.

Aber die 

wollen ab sofort

auf die  achten.

Markus Maul droht mit der 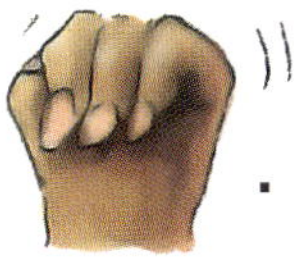.

„Wehe, wenn nicht!“

Dann holt er seine .

Heute kann er nicht

in der  liegen.

Erst muss er

neue  aufschütten.

Der Vulkan

Markus Maul steht

auf einem seiner vielen  .

Die  brennt.

Das 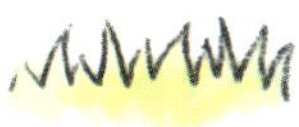 ist schon ganz gelb.

Die  sind verwelkt.

Der kleine  wünscht sich

eine dicke, fette  .

Markus Maul reckt seine .

Was riecht hier so merkwürdig?

Weshalb steigt 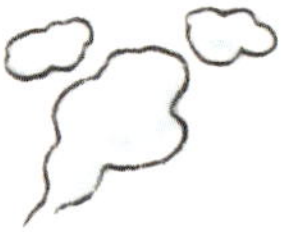

aus einem seiner ?

Gibt es mitten auf der 

einen richtigen  ?

Vielleicht spuckt er  ?

Vorsichtig schleicht er näher heran.

Er schnuppert noch einmal.

Dann fällt es Markus Maul

wieder ein.

„Ach herrje!“, ruft er. „Mein  !“

Er lässt die  fallen,

schnauft dreimal tief durch

und rennt in seine  .

Er reißt den  auf

und nimmt ein  .

Er packt den rauchenden 

und rennt hinaus auf die .

„Schade“, sagt der kleine .

Der  ist schwarz.

Markus Maul wirft ihn ins .

Dort raucht der  vor sich hin.

„Zu dumm“, sagt Markus Maul.

„Wenn nur die 

nicht anbrennt.“

Da macht es leise: „Plitsch!“

Der  hebt den .

Über der 

schwebt eine dicke .

Da macht es leise: „Platsch!“

Es regnet riesige  .

Das  wird wieder grün.

Auf der 

blühen neue  .

Und der 

raucht auch nicht mehr.

Auf Reisen

Markus Maul belegt ein 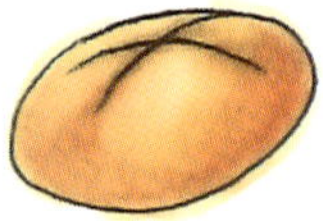

mit 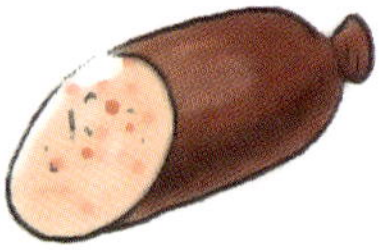

und eines mit  .

Dann steckt er einen  ein.

Der kleine  will verreisen.

Er verreist nicht mit dem 

oder mit dem  .

Er verreist nur mit seiner  .

Er will einen  graben.

Mindestens bis zu der  ,

an der seine  endet.

Markus Maul gräbt,

bis er müde und hungrig ist.

Der  ist längst aufgegangen.

Der kleine  legt sich hin.

Als er wieder aufwacht,

hüpft ein  an ihm vorüber.

Um ein  zu treffen,

muss man weit reisen.

Das weiß Markus Maul

aus einem  .

Reicht sein 

etwa durch die ganze  ?

Markus Maul isst den 

und gräbt weiter.

Als er wieder nach oben kommt,

steht ein  vor ihm.

Später trifft er noch

eine  und einen .

„Ich dachte, die  sei größer“,

sagt Markus Maul.

Schließlich begegnet ihm ein .

Er fragt Markus Maul:

„Bist du nicht der 

von nebenan?“

„Woher kennst du mich?“,

will Markus Maul wissen.

„Du wohnst doch

gleich hinter der  “,

sagt der  .

„Von meinem  aus

kann ich deine  sehen.“

Markus Maul

dreht sich verwundert um.

Ach ja, die  !

Da weiß der kleine  endlich,

wohin er wirklich gereist ist:

In den  hinter der  .

Schlechte Nachrichten

Markus Maul sitzt am 

und blättert in der .

„Neue  geplant!“,

steht dort geschrieben.

Er reißt entsetzt die 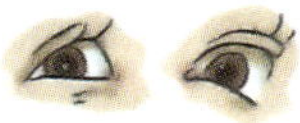 auf.

„Das ist doch meine “,

sagt Markus Maul empört.

Er hat sie auf dem 

in der  erkannt.

Plötzlich wackelt die  .

Die ganze  zittert.

Der kleine  geht hinaus.

Er schaut nach, was da los ist.

Direkt vor ihm steht ein  .

Er trägt einen  .

Mit einem schweren 

haut er einen 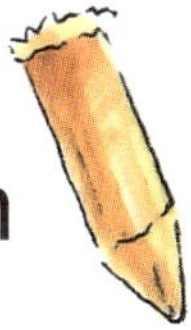 in die  .

Ein  fängt an zu baggern.

Ein  entlädt 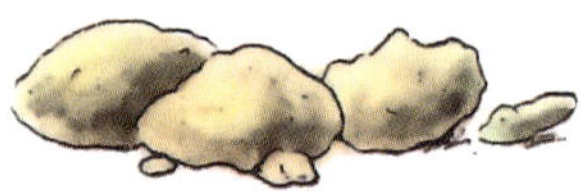.

„Oje“, sagt Markus Maul.

„Meine arme .“

Der kleine  ist völlig ratlos.

Dann rennt er in seine 

und packt.

Er packt viele  .

Eine  nach der anderen.

Und was macht Markus Maul

mit den vielen  ?

Er schleppt sie durch den 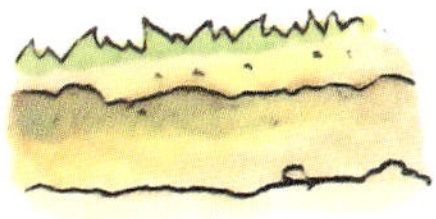 ,

den er gegraben hat.

Direkt neben

dem  des 

hat er nämlich eine  gesehen.

Die sieht aus wie seine alte.

Genau dort wird er sich

eine neue  einrichten.

Und dann muss der kleine 

bestimmt nie wieder umziehen.

Denn wer baut schon im 

eine neue 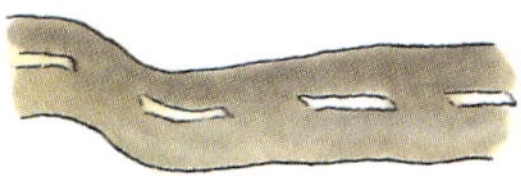?

Trautes
Heim,
Glück
allein

Die Wörter zu den Bildern:

Maulwurf

Wiese

Blumen

Hügel

Schaufel

Höhle

Bett

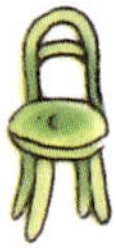
Stuhl

Tisch

Herd

Lampe

Brille

Buch

Liegestuhl

Sonne

Rauch

Vögel

Vulkan

Augen

Feuer

Kuh

Kuchen

Gras

Backofen

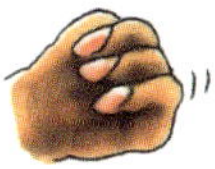
Faust

Geschirrtuch

Wolke

Kopf

Nase

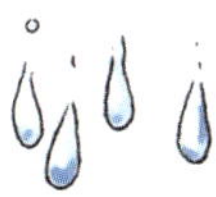
Tropfen

Brötchen

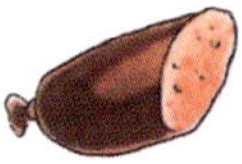

Wurst

Käse

Apfel

Auto

Zug

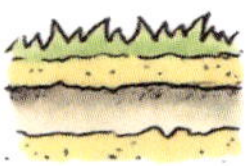

Tunnel

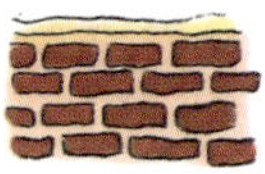

Mauer

Mond

Känguru

Erde

Bär

Giraffe

Tiger

Affe

Baum

Zoo

Pfahl

Zeitung

Bagger

Straße

Lastwagen

Bild

Steine

Mann

Kisten

Helm

Käfig

Hammer

Werner Färber, 1957 in Wassertrüdingen geboren, ist ein bekannter Kinder- und Jugendbuchautor. Auch im Rundfunk sind seine Geschichten zu hören. Darüber hinaus ist er als Übersetzer aus dem Englischen tätig. Werner Färber lebt in Hamburg und wer noch mehr über ihn und seine Bücher erfahren möchte, findet im Internet unter *www.wernerfaerber.de* weitere Informationen.

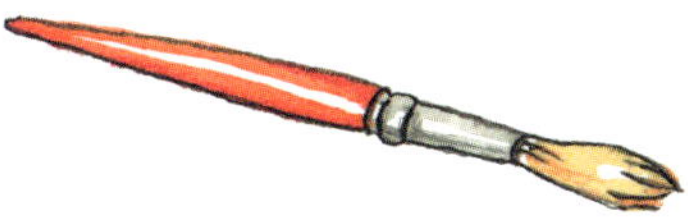

Michael Schober wurde 1966 in Bayreuth geboren. Er lebt mit seiner Frau, zwei Söhnen und dem Kater Grizzly in Hersbruck. Zahlreiche Kinderbücher sind von ihm illustriert worden. Mehr Informationen über den Illustrator findest du unter *www.michael-schober.de*.